LA NADA
transverberada

Luis García Trapiello

COLECCIÓN IMAGINAL

LA NADA *TRANSVERBERADA*

© Luis García Trapiello
© Introito: Pepe Reig Cruañes
© Obra pictórica de portada:
Severino García Trapiello, oleo sobre tabla
"La nada transverberada"
© de esta edición: Olé Libros, 2025

ISBN: 979-13-87620-24-0
Depósito legal: V-635-2025
Impreso en España

KALOSINI, S. L.
Grupo editorial olélibros
equipo@olelibros.com
www.olelibros.com

LUIS GARCÍA TRAPIELLO

En un amanecer de invierno le alcanzó el primer aire de la casa familiar de quienes, agricultores, cultivaban La Vega, cercana al pueblo de Manzaneda de Torío, León. En esa vieja ciudad comenzó sus estudios para finalizarlos en Valencia, Facultad de Filosofía y Letras. Profesor de Filosofía en secundaria, miembro del grupo de didáctica de Filosofía Embolic, es coautor de *Crítica de la didáctica de la filosofía* y del libro de texto *Logos para legos*. Su compromiso con la enseñanza y con los derechos de quienes en ella dejan su saber y su esfuerzo le convirtió en sindicalista. Ha publicado en medios de comunicación: *El País CV*, *El Levante*, *El Punt...* y fue colaborador estable durante varios años como articulista de opinión y columnista en el periódico *Escuela* y en la revista *TE*.

Ha publicado las novelas *Herederos de una guerra*, una reflexión ética sobre la guerra civil española y *A través de la niebla*. Bajo el principio de igualdad entre mujeres y hombres, publicó el poemario *Un mismo viento* junto con Ana Noguera Monteagud. Con Olé Libros ha publicado los libros de poemas *Así es* y *Resquebrajada rama*.

A quien levanta su casa y es refugio.

Adela.

Seve, hermano. En la memoria.

*En cada caso un fenómeno natural lleva a la mente
que observa hacia alguna forma de visión interior
o revelación. El cielo y las nubes grises que se ciernen sobre
Austerlitz dicen al príncipe Andrés que todo es vanidad...*

GEORGE STEINER[1]

Desnuda la luz de su luz
y ante ti tendrás la verdad corpórea.
No huyas de ella, aunque asuste.

---

1 George Steiner (2021). *Un lector* (p. 137). Siruela.

INTROITO

¿Por qué «Nada»? ¿Por qué ese título?, me pregunté. ¿Por qué el poemario se llama «Nada *transverberada*», atravesada, o algo así, y, sin embargo, es una contemplación minuciosa del paso del tiempo? Quizás es que el tiempo no existe, pero contiene algo. Aquí parece contener eventos de naturaleza que expresan o producen eventos anímicos. «Lo que la noche tarde en igualarlo todo». «Pardos gorriones de escritura cuneiforme». Sería, pues, una Nada engañosa, aparente, pero, en el fondo, tan influyente como el vacío cuántico de los astrónomos.

Tiempo y espacio dominan la Nada, desde siempre, en todas partes.

Luego se acaba viendo que esa Nada es el resultado de una búsqueda. La eterna búsqueda del verso perfecto, aquel que dice el pensamiento exacto. Batalla perdida, porque las palabras no tienen ese poder. La propia poesía se queja de la imposibilidad de la poesía. También Pavese luchaba con las palabras, pero él perdió: «Basta de palabras. Un gesto. No escribiré más». Hay un lamento constante por la vaciedad de las palabras; en cambio, aquí se descubre que una mirada dice lo que las palabras no pueden. Una mirada nos da los versos que nadie ha escrito.

Silencio oscuro de las palabras, discurso claro de la mirada.

PEPE REIG CRUAÑES

Nada, porque nada somos y nos vamos haciendo a través de la Palabra (*verbum*, logos). Es el *verbum*, acción, quien nos hace cuando atraviesa esa Nada.

«Al principio fue el Verbo... y el Verbo se hizo carne» (Juan 1:1-14).

Y sí, sin palabras tampoco somos; pero ellas, vacías de acto (voz, que no palabra) son grafismo huero, badajo golpeando en bronce resquebrajado. Son tan nada como la Nada en cuyo límite se quedan.

Esa es la paradoja, es y no es al mismo tiempo. Libera el espíritu y lo constriñe, nos falta y nos sobra.

¿Cómo sobrevivir?

La mirada, el beso, la caricia, el pan que compartimos, la risa que arranca otras risas, el silencio recogido en dos manos entrelazadas, el llanto que dice...

Mientras, somos

I

De la nada venimos, de nada somos
en este indestructible universo.

Gota de agua.

Así la nada se hace, pues es nada
y de ella es de quien todas las cosas nacen.

Primavera.

O seco árbol tras un gélido invierno
y que en otro será en el hogar llama.

Nada... nada.

Sí, pero una nada *transverberada*
por el dardo de la verdad que es...

Que es... Que somos...

II

Invierno en días muy entrado,
y aún hoy, aquí en este levante,
la morera y el ginkgo biloba
se engalanan ya solo de amarillo.
Son y no son al mismo tiempo.
¿Acaso eso no es puro engaño,
ese querer seguir siendo allí donde
anidan, de los pájaros, sus sueños
cuando ya sus ramas, desnudas,
al viento deberían darse
y en silencio?

Pues no, así es como la nada se hace
y en ella son todas las cosas. Somos.

Primavera.

31 DE DICIEMBRE

—¿Qué harás esta noche?—
La pregunta me alcanzó junto con las manzanas
compradas en un puesto del Mercado Central.
La algarabía que aún de madrugada había
escondió mi silencio, todo fue ¡feliz año!

Escribiré un poema colmado de silencios,
    no hay pluma ni tinta,
sobre las turbulentas aguas de los mil ríos
que de las nieves nacen en la montaña amada.
Bajan turquesa siempre, son blancas en sus saltos
o cuando dan ligeras contra las grandes piedras,
redondeadas, pulidas, sin detener el paso.

O escribiré un poema vacío de palabras,
¡eso no es posible!,
sobre los sueños, tantos, que burlan la Razón
porque en ellos no hay normas, viejas y caducadas,
todo es hermoso juego, no hay heridas ni llantos,
aunque a veces algunos se enrevesan y duelen
mientras que otros, muchos, entretejen sonrisas.

—¡Buenos días, amigo!—
Las piedras, hermoso ocre, llenas de amaneceres
devolvieron en eco la voz de un viejo amigo.
Nos miramos y supe que la palabra no es
ni silencio que abraza ni sueño al que engañas.

MÉDITATION

(*Thaïs* de Jules Massenet)

Del cerezo, sus pétalos
dados a la brisa lábil
que atraviesa la memoria,
o acaso estrellada agua
que, blanca, danza en el alma
con lo que fuimos y somos.
Así suenan los recuerdos,
sin nostalgias ni tristezas,
aunque los haya que rasguen
el aire de nuestra música,
que callada nos complace,
pero solo un instante,
no más que la luz brillante
del meteoro que cruza
el cielo en noche oscura.
Escucha las dulces notas
que en arpegio dicen tanto:
fuimos, seremos y somos
siempre en dulce silencio.

CENIZA SEREMOS

Te he dado al viento
entre los viejos rosales
que tú plantaste.

Su perfume te llevará hasta el mar
y serás azul, olas, blanca espuma.

CUANDO UNO YA ES OLVIDO

I

Cuando uno es olvido ya solo es viento,
aire tan seco que las cristalinas
lágrimas
se transmutan en noches estrelladas
y frías.

Desierto de ondulados horizontes,
perfiles que son y dejan de ser
la cumbre
de las dunas que han sido nuestras vidas,
pasado.

Hoy son presencia, ahora son olvido;
arrasadas, son ancho llano estéril
sin oasis donde nacen los sueños.

Infinitos son los granos de sílice;
arena, está al mismo tiempo que se pierde.
Vuelves la vista y nada coincide, memoria

tierra árida

siroco

ojos secos

olvido.

Allí estaremos, como un solo hombre,
yo y mi nada
¿Qué nada? —preguntó a gritos la Nada
nada... nada

Y aun porque siendo olvido fuimos sombra
somos a su pesar nosotros mismos.

II

El silencio te nombra pasado
si acaso no, olvido;
mas la brisa siempre trae
el perfume de flores
del jardín de las Hespérides.

El silencio de mí dice:
pasado, si acaso no,
rama desnuda, olvido,
mas la brisa siempre acalla
los fríos que nos habitan.

Del viento huido, las hojas,
en él llevadas del árbol,
son fidedignas testigos,
nos dicen, si acaso no,
dulce sombra hoy olvido.

Hoja de sauce callada
tras el viento que se ha ido.

LA VERDAD ESTÁ
EN LAS PREGUNTAS

¿Son efímeros estos tulipanes
a los que han cortado sus tallos verdes?
¿Estas orquídeas, magenta enraizada,
serán pasados los días que amamos?
No lo sabremos y será inútil,
una pérdida de goce y de tiempo,
que nos inquietemos por si así será.
Hasta que se desprendan de sus pétalos
no dejarán de ser lo que el amor da
y cuando aquellos escriban en la mesa,
sobre la que exhiben su belleza,
que los días, todos, ya se han cumplido,
entonces las respuestas que se den
evidenciarán aquellas preguntas.

CANTATA 156
OBERTURA[2]

La hoja, revestida ya de claro ocre,
contiene en su pecíolo anclado
en rama alargada, contraluz y aire,
el camino que hasta la tierra llega.

Inevitable, el viento de invierno
la sacará, brusco, de su ensueño,
la alejará en su seno revuelto
y la abandonará lejos, olvido.

O puede que, de poniente, la brisa
en liviana danza helicoidal
vaya conduciéndola hasta el suelo
y alcanzado al fin, en *pas couru*,
se retire dejándola en su lecho,
memoria de lo que el árbol fue,
robusto roble, nogal majestuoso,
manzano viejo o humilde avellano.

La hoja ocre aún contiene su camino.

2

Ish steh mit einen Fuß im Grabe	Estoy ya con un pie en la tumba
Machs mit mir, Gott, nach deiner Güt,	Haz conmigo, oh, Dios, según tu bondad
Bald fällt der kranke Leib hinein,	Mi cuerpo enfermo pronto caerá,
Hilf mir in meinen Leiden,	asísteme en mi sufrimiento,

Cae la nada y nos alcanza.
Huimos dando grandes tumbos
mientras muerde nuestro sueño.
Gritamos, nadie nos oye,
insomnio que quiebra en blanco.
Hablamos, solo las estrellas
escuchan nuestros silencios.
Venid, decimos al aire,
démonos el poco aliento
que exhalan las almas tristes.
¿Seguro? ¿No están muertas
o nunca nacieron? Nada.

NADA

Las lágrimas del amarillo alcohol
recorren del cristal su pared curva
llevando con ellas la negra noche.
No son arroyos de frescos neveros,
son ríos desbordados de la vida.

Mil Ochocientos Sesenta y Seis
no es un año, es ánimo inducido
en un alma perdida en la llanura
que, en tiempo de sequía, la cosecha
es exigua y hueca expresión de todo
lo que se esperaba en la sementera.

Y en esa mar océana de límites
que el alma vaciada no alcanzará,
sin cuerpo, ancla predeterminada,
está a la deriva, vientos adversos,
sin puerto a la vista ni una ensenada,
solo altos acantilados, espuma.

Y elevas la copa, sobre los labios
la inviertes buscando la última gota
que sume en ella el mísero caudal
de todos aquellos malditos ríos
que el alcohol no puede disolver.

Te entretienes con las volutas
de un pensamiento arremolinado.
La dejas sobre la mesa a tu lado.

Por la página cien abres el libro,
«*Dying! Dying in the night!*»[3],
y aun así, te sumerges en la vida.

---

3 «¡Morir! ¡Morir en medio de la noche!», primer verso del poema n.º 158 de Emily Dickinson. *Algunos poemas más* (p. 100) (Trad.: Carlos Pujol). La Veleta.

Corso de mi pasado, seré ya solo pecio.

Fin del verano, primeras tardes de otoño

Tras las lluvias que han clausurado agosto
los días acortan ya su esplendor,
viento húmedo y horizonte nublado.
No son las golondrinas ni vencejos
ni su entretejer el viento ya fresco,
sino humildes y pardos gorriones
de escritura cuneiforme, poetas
ignorados por tan insignes aves,
quienes sobre la humedecida tierra
escriben perfectos, hermosos versos
que solo saben leer las almas puras.
Sí, ellos, insignificantes pájaros.
Sabemos que seguirán escribiéndonos,
en este otoño, textos rotos de escarcha
y en el invierno en el que viviremos
sobre impolutas superficies blancas
nos dejarán su mistérico poema,
¡oh, viejo Lucrecio rememorado!

¿Sabremos leerlo o será dado al viento?

El verano ya se ha ido y nosotros...
volvemos sin nostalgia a lo pautado,
a allí donde no hay horizonte abierto
y la agujereada verticalidad,
vida oculta encerrada en su interior,
nos cierra los ojos que solo en lo alto
encuentran una estrella o fugaz luna;
el silencio... solo en nosotros mismos.

No olvidamos, sabemos que la noche
sigue siendo estrellada, que la luna,
incluso mordida por las tinieblas,
muestra, de los ruiseñores, su canto;
que bajo el negro y feo alquitrán
está el campo abierto que fue antaño.
Incluso hoy, nunca hay mañana, la tarde
es claridad resistente a la noche
que se acerca con la brisa aún templada
desde un Levante que es mar del que nace.

¿Es del mar o ya es en nosotros mismos?

Es momento de ir recogiendo rosas,
jazmines y azahar, que se ha engañado,
y también limones y algunos higos
sin olvidar dos ramas de laurel.
Esta luz de otoño será en nosotros.
Guardaremos las tardes en pliegues
que serán memoria en quienes nos aman,
pues siempre habrá un gorrión, al menos uno,
que les negará el olvido escribiendo
viejos poemas sobre la húmeda tierra,
la escarchada hierba o la blanca nieve,
aquellos que nosotros leeríamos.
Y es ahora, en estas tardes de otoño,
cuando cerraremos todo para irnos
entre el verde gorjeo de algarrobos
y la dulce salmodia de los pinos.
Y los gorriones, pájaros humildes,
sabrán de nosotros porque hemos sido.

Año Nuevo

Del jardín interior, que fue de un poeta,
un ginkgo biloba nos da su luz,
primer verso de un nuevo año, poema
nunca acabado pues está abierto
a la incertidumbre del ser y estar
en un mundo complejo, amor a ti,
que junto a mí embelesada estás
y que, sin embargo, tomas mi mano
y entrecruzas tus dedos con los míos,
escribiendo versos de otros poemas,
también inacabados porque aún somos.

De ti, voz ignota que por venir
aún estás, digo que pronunciarás
palabras sencillas, dulces, hermosas,
yo ya no podré oírlas, es seguro,
pero también sé que ellas jugarán
con otras hojas de luz tan dorada
como estas lábiles que ahora contemplo,
de las mismas ramas serán adorno,
aunque ya más largas y resistentes,
engastadas en tronco aún más rugoso.

Entonces seré en ti recuerdo o no,
nadie es dueño de aquello que aún no es,
y acaso tomarás estas palabras
para decir lo que yo ahora digo,
desde esta ventana que da al jardín,
entregándoselas al cálido aire
para que en callada danza se enreden

con limones, aspidistras... rosales
y geranios si fuese en primavera.

Entonces dirás, o no: te conozco.
No seremos, pero eso ahora no importa,
es año nuevo, cielo azul hialino,
en su luz somos y en la de este ginkgo
que, en el jardín de un poeta, alguien
en su día plantó, siendo hoy recuerdo.
Cada año pasado fue su año nuevo;
hoy es el nuestro y somos felices.

Y tú tendrás tu año nuevo
que se hará viejo en el recuerdo.
No te inquiete porque todos,
sumados uno a uno, serán vida.
De ella nunca, jamás, restes nada
ni de lo bueno ni de lo malo habido
porque será lo que te ha hecho.

Somos, nunca seremos, solo somos;
perderse entre las palabras vanas
como fama, reconocimiento, gloria
es mal negocio porque es perder
el tiempo de vivir gozoso en cada instante
Año nuevo, año nuevo...

SETENTA AÑOS DE UNA VIDA

A mis hermanos

De aquella casa con ventanas abiertas a tres calles,
largo pasillo entre dos puertas de cristales impresos
enmarcados en cuarterones de una humilde madera
y demasiado frágiles para contener el ímpetu
que nosotros poníamos en infantiles torneos,

de aquella casa con los suelos de baldosas hidráulicas,
geométrica expresión de marrones oscuros y claros
y blancos ya deslucidos por tantos y tantos pasos
incluidos los del padre, las manos detrás recogidas,
pasillo arriba, penumbra, pasillo abajo, rezando,

de aquella casa con habitaciones grandes y hermanos,
nueve, sin más pleitos que los propios de niños pequeños,
grandes pleitos entonces que hoy recordamos entre risas;
con una cocina, toda luz, que era hogar, comedor,
sala de estar, tertulia, y de juego, tute y brisca,

de aquella casa, para ti, han pasado setenta años,
muchos, cierto, pero nunca son ni serán demasiados;
de aquella casa, Pedro, tu recuerdo también es mío,
nuestro, y en la suma está el todo que habiendo sido, es,
teselas escogidas por cada uno para un gran mosaico.

Aquella casa, hermano, nuestra casa, aún está en pie,
abierta, aunque la soledad plena esté recogida en ella,
así la dejó la madre al irse entre rezos y cantos
y así seguirá cada vez que dos o más nos reunamos,
no siendo nuestra, estará en nosotros que la habitamos.

POR QUÉ PREOCUPARNOS

Carpe diem!

Qué será de mí ya sin vuestras voces,
¿habrá alguien que pronuncie mi nombre?
¿conocerán, acaso, si yo he sido?
¿cómo sabré si estoy en el camino,
si no puedo escuchar vuestras palabras?
No viéndoos tampoco me veré yo.
No seré en nadie

¿le importa algo a la noche el sol del día?

porque entonces no habrá un mí ni un yo
que refleje la suma de lo habido,
lo que se ha amado será brisa o viento
ya alejados.

Somos estúpidos, estas palabras
escritas, ahora, no tienen sentido,
dicen de un momento en el que nosotros
ya no seremos.

Una estolidez decir sentiré
cuando no habrá más que oscuro silencio.

Por eso, si a la noche no le importa,
¡y no le importa!, el sol que la niega,
cerca o lejos de ese oscuro silencio,
hoy sonreímos

y... *carpe diem!*

ματαιότης ματαιοτήτων,
τὰ πάντα ματαιότης[4]

---

4 *mataiotes mataiotetos, ta panta mataiotes:* «Vanidad de vanidades, todo es vanidad» (Eclesiastés 12:8-14).

VERANO DEL 23

Bajo la higuera, cogiendo dulces higos,

carpe!

he oído la cercana salmodia
de los viejos y altos pinos, que dan
reconfortante sombra a nuestra casa.
Son rectos, robustos y con raíces
fuertemente agarradas a la roca
que bajo un manto de tierra se esconde.

Ni uno de los fuertes vientos,
esos que anuncian tormenta
y, violentos, alborotan
todo lo que en la vida hay,
ha conseguido quebrarlos.
Los cimbrean impetuosos,
retuercen todas sus ramas,
pero ahí siguen, vivos, enhiestos,
ocultándonos del sol justiciero.

Todos esos vientos siempre se han ido
y se irán los que aún estén por llegar,
entonces el aire se vuelve brisa
y, de los pinos, sus verdes agujas,
jugando, hilvanan la dulce salmodia
que ahora, bajo la higuera, escuchamos.

Carpe!

NADA ES EL FINAL...
SI ACASO, EL COMIENZO
DE ALGO NUEVO

Se disolvió el verano
en este último rayo,
tan horizontal ya,
que los árboles son
alargadas sombras,
efímera apariencia,
lo que la noche tarde
en igualarlo todo:
fundido en negro, dicen.
Pero habrá estrellas, luna
y una Venus espléndida,
hoy el cielo es hialino
en este mes de otoño.

Del tiempo es paso

Hoy, iniciado el invierno, ficción
aquí, cerca de la mar que es nuestra,
el ginkgo biloba que se adorna
en el jardín interior al que da
la mirada trasera de la casa,
claustro de tantas noches estrelladas,
retiene sus lábiles hojas, verde
amarillo verde amarillo verde.

¡Oh, Jano malhadado!,
el de la doble cara,
mientras mira al pasado
y sueña el futuro
del presente se priva.

Hoy no es más que su abandonado ayer.
Hermoso, subyugante, verlo ahí
amarillo, reflejo y oro blanco.
¿Pero qué sabemos de su futuro?
Anunciado en las enhiestas ramas
guías de lo que no se ve y será
o acaso no, de la nada nada es,
lo sabemos desnudo, en silencio,
aunque lo imaginemos renacido.

De él nos burlaremos,
de su ciega mirada:
pasado y porvenir.
¡Levantemos pues la copa!
¡Bebamos el aquí y ahora!

Quién, qué, ha de impedirnos el placer
que nos suscitan sus trémulas hojas
dialogando con la callada brisa
en este oculto jardín interior.
Nadie ni nada, somos lo que somos
amarillo verde amarillo verde,
verticales ramas ya desnudas,
verde amarillo, amarillo verde
arropando el sueño de los pájaros.

Amarillo verde verde amarillo
belleza que se exhibe, que extasía
y deja estas palabras en pobreza.

IMPROMPTU Nº 3

¿Cómo no construir un mundo?
¿Cómo abandonar el sueño?
¿Cómo confundir los pétalos
con las punzantes espinas,
aunque ellas del rosal fueran?

Así declina la tarde,
así la felicidad
se desliza ante nosotros,
imaginación y sueño
o tacto vívido, limpio.

Pétalos
  brisa
    silencio
    perfume
   placer
sosiego.

Allí fue sombra o árbol,
y ya no fue más nada.
Ahora es viento o silencio
que del desierto llega
y quema las gargantas.

Allí fue...

noche fresca bajo sus ramas.
No tuvo celos de la fronda
ni envidia de su arboladura
en la que se guardan los pájaros
que en su camino de ida y vuelta
hablando ellos lenguas distintas
dicen de aventuras y amores.

Y fue la sombra que dio el árbol,
sin ella no es, lo constituye.

No sé cómo se sobrevive a los amaneceres que se
han perdido en los caminos de noches insomnes.

No te asustes de las ramas desnudas
ni de la oscura noche que, gélida,
de blanco viste el verde de la hierba
humillada hacia el suelo por su peso.
Blancas flores adornarán las ramas
antes de que se vistan de hojas.
Lo que ahora es iridiscente cristal,
será transparente agua que en silencio
dará vigor a las rosas en primavera.

Del arroyo escucha su agua,
va diciéndote lo mismo:
de los árboles, no temas
sus largas ramas desnudas
ni tiembles al ver la escarcha
que blanca hiere la hierba.
También hay belleza en ellas.
No te inquietes, serán pronto
engarces de rosa pálido
y suave pradera verde.

Un tiempo
como cualquier otro

Ser verde, ocre o amarilla, ligera,
en estos primeros días de otoño,
hoja sobre hierba recién segada
compañera de las ya desprendidas,
danza recogida por el perfume
que a la brisa de poniente acompaña.

O ser pájaro que detiene el vuelo,
semicorchea en el tendido eléctrico,
sin que nadie sepa de dónde viene
e ignoremos allí a donde va.

O mejor, ser viento que va y viene,
libre de ramas, peciolos o nidos,
vínculo del ser que pesa y abruma:
siempre un instante, siempre en un lugar.

Ser viento... ¡que en él van pájaros y hojas!

En el silencio de esa hora violeta,
porque violeta es su desvaída luz,
que nacida en Levante nos alcanza
acallando vuelo y canto de pájaros,
deteniendo el rezo de los rosales
y la salmodia de los altos pinos;
en ese silencio, en esa eterna hora,
bajo el nogal, ramas que se desnudan
de ocres hojas, híbridos amarillos,
o de las aún verdes ya debilitadas,

recojo mi pensamiento. Sentir,
solo sentir y no ser sino solo
rosal, alto pino o nogal viejo
ya que viento nunca podremos ser.

Hay muchas ELCAS

A Jesús Huguet

«No, tampoc els meus pares están,
em reberen en un elca sense azahar
                    ple de fums».[5]

No quería escribir, las palabras sabidas
todas ellas hermosas y muy bien engarzadas
se negaban a salir de los bordes del sueño,
náufragas en la nada sobre el blanco papel
fueron puro silencio, invertida carlanca.

Gorjeos, verdes hojas,
finas agujas, cantos;
algarrobos y pinos.
Eso sí es poesía.

Del campo en el que habito, he vuelto a mi rincón,
es mi huerto cerrado sin miradas ajenas.
Allí todo es posible y todo es verdad.
Son hojas de nogal jugando con la brisa
en delicada caída: *jeté arabesque plié.*

Sentir los dulces besos,
gozar del sol sus rayos
pensar sobre lo bello...,
eso sí es vivir.

_____

5 «No, tampoco están mis padres / me recibieron en una elca
sin azahar / llena de humo». (De un poema dedicado por Jesús
Huguet a Francisco Brines). Nota del editor: L'Elca es el nom-
bre de la hermosa masía en la que vivió Francisco Brines.

La esférica corteza, la enrojecida piel
que protege mil granos que en la boca estallan
es el fruto tardío de un tiempo que se acaba,
dulce, sí, y que también nunca nos es negado.

Delicados los labios
                          sobre los que se aquieta
                          el viento de la vida.
Nada nos es prohibido.

¡Oh, mi buen amigo, hay tantas *elcas*!
como infancias tenidas por perfectas,
así en ellas haya habido azahar
o humo espeso y negro de las fábricas.
Son *elcas* erigidas como patrias,
son las nuestras, únicas, verdaderas.
Patrias, con sus fronteras definidas,
en las que hay fuentes, huertos y jardines
de los que hemos eliminado zarzas,
malas hierbas y también los fantasmas.
Patrias nuestras a las que regresamos
con frecuencia para volver a ser
aquellos niños que, hoy, nos creemos
que entonces, sin duda, fuimos felices.

                          Delicados los labios
                          por entre los que fluye
                          el jugo de la fruta.
                          Ninguna está prohibida.

Niña abrazada
al cuello de una madre

La tarde cayó ocultando la luna
creciente
y un suspiro de sus cuernos de sueño,
caído,
se hizo adorno engarzándose al cuello,
abrazo,
de quien la daba al aire de la noche
dormida.
Infantil juego que emociona el alma.

Llegará a ser luna llena o creciente
cuando las estrellas hayan recorrido
muchos días con sus noches, inviernos
fríos y duros, y también gozosas,
dulces y pletóricas primaveras.

Será luna llena.

Juegos de vida

Duerme tranquila, madre,
nosotros velamos por ti.

He olvidado si es lunes o domingo,
los días van cayendo, uno tras otro
—¡qué obviedad!—, sí, ya, pero uno tras otro.

Eterna vigilia, días tan largos...
y tan cortas las noches, confundidas.

Ya no sé si es imaginación la luz,
traslúcida conciencia la oscuridad.

Por no conocer, no conozco ni mi cuerpo;
lo palpo con el deseo... y no lo encuentro.

Reconozco, no obstante, del jilguero
su dulce canto y de los narcisos
el perfume con el que substantivan
la brisa tibia que cruza, callada,
el balcón florido de esta mi casa.

Todas las noches, en nuestra alcoba,
queda encendida una vela de cera
y largo pábilo con viva luz.
Necesito el juego de las sombras
sobre las paredes y contra el techo.

Danza sosegada de una conciencia, buena.
¿Será hoy lunes o, acaso, será domingo?

La luz de los narcisos cuelga lábil
en su vertical verdor, ahí están.

Eso es la vida.

Y ellos nos dicen ¿qué pasa si es lunes
siendo domingo?

A TI

Desnuda sobre la cresta de los sueños
eres espuma tras los golpes que la vida
da contra la vertical realidad, basalto
emergido desde lo profundo del tiempo,
incandescente y destructiva es su fuerza.

Elevando del subconsciente
el lodo en él depositado,
Cronos siempre activo,
entre guijarros pulidos,
palabras caídas desde
las bocas de negros trajes,
moral proclamada a gritos
en sucios y pétreos púlpitos.

Y entre la espuma me encuentro,
golpeado, arremolinado, vivo,
sabiendo que seré náufrago
más allá de las claras certezas
que sobre el acantilado enraízan.

No quiero, no valgo. Soy.

EL PESO DE LA LUZ

Es tan grande el peso de la luz
que ya no la veo.
Solo a través de la niebla
atisbo mi nombre.
Tan grande es el peso de la luz
que ya solo tengo
esta noche en la que me pienso.

Eso queremos

¿Por qué dejamos que la brisa se calme?
¿Por qué, que la luna se nuble?
¿Por qué, que el río se aquiete en tabla?

Porque de la brisa el perfume no es nuestro;
hay nubes, hijas de las noches más negras;
del río, las aguas huyen de sus piedras.

¿Por qué, sin embargo, no renunciamos
ni a la brisa ni a la luna ni al río?
Queremos ser los tres en campo abierto.

El ruiseñor ya adorna estas noches,
mis noches, abrochadas de azahar
así sean de luna nueva o llena.

Aquella niña que fue...

A Paula Ortiz Álvarez y a sus padres, Gloria
y Tomás. Después de ver Teresa.

Hoy, noviembre, he abrazado a aquella niña que fue
en el dorado sol de invierno que en Tamarite
alegraba atardeceres de charla en su casa.

Cuatro años convertidos en no más de tres palmos,
unos ojos vivos yendo de esquina en esquina
y su infantil dedo señalando la palabra.

Veo, veo...
¿Qué ves?

Es luz de la mañana, de la tarde y del agua.
Luz, luz... pero también su sombra larga, o corta.
Luz, luz... oscurecida en noche negra del alma.

Veo, veo...
¿Qué ves?
Una cosita
¿Y qué cosita es?
Empieza con la letra...

Mas, para qué darte la letra de una palabra.
Ya no hay palabras, mi niña, que son simple ruido,
nos enredan y confunden. No haya en ti engaño.

Podría decirte: con *ene* o con la *a*.
Nueces, avellanas, en celemín transportadas,
cáscaras en tiempos de espiritual sequía.

Y sí, luz, aunque de velas que navegan sombras
sobre muros de piedra; del alma, claustro amable
que niega oscura *Latomia* de quebrada entrada.

¡Oh, mi niña!, claustro de alma atormentada, sí,
porque la verdad habla y grita, pero también
feliz cuando, de ella, dulce luz nos alcanza.

Veo, veo...
¿Qué ves?

A aquella niña que hoy es lo que ayer fue,
ojos siempre abiertos de mirada tierna
con la que buscaba la luz y la hacía Palabra.

Si estuviésemos solos en el mundo o si todo el mundo fuese gente justa, buena, tendría sentido el poeta ensimismado. Ser extraños al dolor ajeno, a la injusta vida de quienes no han tenido o no han podido y decir que se escribe poesía es un oxímoron.

Y YA ES PRIMAVERA

Huele a azahar.
Ya adorna las noches
el ruiseñor.

De pasión, tiempo.
El inocente sufre
y de amor muere.

El Sanedrín celebra su triunfo.
Los gobernantes se lavan sus manos
el déspota martillea los clavos
hunde su puntiagudo y frío hierro
en la delicada y frágil madera.

Cruz de la vida.
Ucrania, Siria, Yemen,
Afganistán...

Pétalos rojos.
un mes para la siega.
Campos de trigo.

Alguien sembró la Muerte.

Tiempo de guerra, propia y ajena

Los cuervos..., los cuervos y sus negro picos,
plomo, hierro, sangre y los cuerpos abiertos;
pudieron ser bellos, hoy son simples árboles,
desnudos de ramas, con negra corteza.
¿Y qué es de vosotros, humanos perdidos,
mujeres y hombres, ¡ay!, niños, ¡ay!, niñas,
que no quede sexo sin ser señalado,
vivos, vivas, estáis, jugando entre muchos
con la metafísica neoliberal
así estén los cuerpos, sí, despanzurrados.

Pájaros de negro plumaje, gris metálico, acero,
de oscuras alas desplegadas y aterrador graznido
cuando en picado, desde su vientre, la destrucción cae...
¡Ay de vosotros, vosotras!, preocupados, preocupadas,
por vuestras lindas mascotas: pájaros, gatos y perros,
y gusanos de seda blanca, mortaja predispuesta
para la imbecilidad exclusiva del ser humano.
Malditos, malditas seáis, dejadlos sueltos y libres,
que regresen a su estado, al de su natural ser,
ya se buscarán la vida así encuentren la muerte,
dejadlos que se alimenten de cuerpos que fueron bellos,
hoy reventados por bombas, como ya lo fueron antes.

Todo es un disparate, lo dan por juego de grafismos,
cuando el cuerpo es solo cuerpo y no suma de morfemas.
Los tópicos nos enredan y concebimos palabras,
con ellas nos creemos dioses, auténticos demiurgos.

O tópicos, casa del necio,
o neologismos, trampantojo.

Incluso estos que tú y yo leemos en estos versos.

Grajos, cuervos, buitres, imagen manida,
de ella se alimenta el corazón reseco,
pero no más tópica que aquella tan clásica
«el hombre es un lobo...» ¿solo para el hombre?
Es nuestra cultura, aun así nos pese,
es hombre quien mata, hombre es quien desgarra.
Al menos, mucho antes, los reyes en guerra
ofrecían su pecho al dardo enemigo;
hoy, los presidentes, serios, circunspectos
desde sus despachos proclaman al viento
«la muerte es gloriosa, defended la patria».

> Los jefes de gobierno se cierran en sus despachos, tras grandes y sólidas mesas, después de haber firmado la orden de acudir a la muerte, pero siempre los otros, no ellos, ni sus generales, doblados sobre la mesa de operaciones, papel pintado con montañas ficticias, ríos sin agua, tierra sin muertos. Malditos, los que mueren son jóvenes y no están en los mapas. Malditos, las casas destruidas y sus moradores en ellas enterrados tampoco están en los mapas.

Los grajos, con sus graznidos, te arrebatarán el sueño,
los cuervos te sacarán los ojos con sus sucios picos,
así estés vivo, los buitres te comerán las entrañas.

Cuando la muerte ronda, de la casa sus puertas,
siempre bien clausuradas, quedan sin los cerrojos
y de sus fuertes goznes cuelgan desvencijadas.

Los muertos no deben mirar hacia el cielo
ni guiñar un ojo, complicidad falsa.
Solo tienen frío mientras en silencio
mueren olvidados por sus generales,
y los estorninos, sobre los cadáveres,
dibujan con su vuelo las negras esquelas.

Tú cuida del perro, gato o gusano de seda,
así te creerás más humano, humana, humane.

No hay *Deus ex maquina*, milagros ni
cuervos transformados en mirlos, ni
valles arrasados convertidos en fértiles campos
donde las mieses crecidas son mecidas por el viento.

Pájaros negros, mascotas ya salvajes; crisálidas
secas en sus ocres capullos ya de podrida seda.
No hay hilo posible, no hay juego domesticado,
todo es noche, día nublado, oscuro humo, bestias.

¿La ética? ¿La justicia? Dadas al frío viento.

Si fuese pintor, serían de óleo negro,
de grandes lienzos, completamente negros,
rasgados en algún punto por cuchillo
de hoja corta, de hoja larga, afilada
para buscar tras él una luz que sé
que no existe,
malditos.

Y volvería a pintar uno más, y otro
y otro... pero todos ellos rasgados
en su centro, en una u otra esquina,
así hasta la infinitud que constriñe
buscando esa luz que no existe más allá
de este acá que nos ahoga y que ciegos
la hemos apagado con un golpe de aliento
hediondo por una mala digestión
de tantos yoes, inmensos, indigestos.
Malditos dioses, nos condenaron a matarnos
y nunca hemos aprendido a engañarlos, estúpidos.

Aún los cuervos juegan a que los confundamos
con mirlos de dulces cantos entre las ramas,
y los buitres se disfrazan de águilas reales,
ambos carroñeros, pero al menos nuestras carnes
serían desgarradas por criaturas bellas.

De una guerra que ya es nuestra

Quise escribir con juicio sobre esta cruel maldad
que anida en el corazón de ese enano gran macho
y las palabras, todas, fueron amontonándose
unas sobre otras dando en repugnante amalgama:
injuriosas, blasfemas, maldicientes, insultos;
las inocentes, rotas, bajo el montón informe.

Ya no podrás hablar, has de callar, me decía:
asesinos, malditos, hijos de Lucifer,
ángeles caídos y acomplejados psicópatas
que de niños mamasteis solo amargura,
la de una madre esclava y siempre despreciada
por vosotros los machos de torsos desnudados.

Fue un mirlo, plumas negras, quien con su canto gualdo,
acomodó en su orden las primeras palabras:
«quería escribir con juicio sobre esta cruel maldad»;
las demás, a partir de ellas, han ido saliendo
en desordenado orden de hedor a putrefacto,
la primavera ofrece cadáveres al aire.

Los malos siempre ganan y pocas veces lloran,
mueren en grandes camas con sábanas planchadas,
blancas, puras, bordadas en rojo vivo: «he hecho historia»,
«se nos ha ido un buen padre», «fue un ejemplar marido»;
mientras, en las llanuras, bajo huellas de tanques,
mujeres y sus hijos yacen en el sucio barro.

Las ramas, aún desnudas con insinuado verde,
abotonan un cielo de azul turquesa oscuro,
de ellas el mirlo se ha ido y ha vaciado su canto
en un silencio inmenso que en el alma acongoja.
Rabiosa noche oscura es la que nos alcanza.
Regresé a las palabras y estas fueron las últimas:

Mirlo... y palabras, anidando en los árboles
desgajados sobre bulevares bombardeados.

Los gemidos de niños aún los oigo en mis sueños,
del llanto de sus madres está húmeda mi almohada.

¿Y si fue un cuervo?
Quise oír un mirlo.

ELEGÍA A LA NADA

Yo pasaré por delante de las grandes puertas,
fueron árboles esbeltos, hoy labrado juego;
no las traspasaré y de bronce será el silencio;
quienes me lleven, ciegos, caminarán de largo.

Yo ya no seré

¿y ellos?

Ellos serán en mí aquello que consideren,
pues entonces yo estaré solo sin ya saberlo;
imaginarlo hoy es inmensa estupidez
y, de necios, sufrir por cuando no ha de doler.

¿Ha de importar que haya llanto u olvido en aquellos
que hoy se dicen sinceros o fingidos amigos?
Yo estaré solo sin ser, nada, lo incognoscible,
pues es eso lo que define la nada, nada.

El Maleh Rachamim[6] de Auschwitz. Por mí, por todos,
aquellos que nos precedieron en el dolor.
No es por la oración, es por el canto que rompe
el horizonte convertido ya en simple partida,
ut-horim kezohar harakia mazhirim,[7]

yo estaré solo sin ser, Nada inaccesible

---

6 «Dios lleno de compasión».
https://www.youtube.com/watch?v=2mZnjDaRgMw
7 «que brillan con el resplandor del firmamento».

porque así también se define la Nada, nada.
No me constituirá el recuerdo de los otros
ni me destruirá su olvido. No seré al no estar.

De profundis clamavi ad te, Domine[8]..., así,
canto gregoriano que resuena entre los muros
con los que se defiende mi patria, la infancia.
Si iniquitates observaveris... quis sustinebit?[9]
dice el texto, pero es el canto lo que emociona

todos mirarán lo que ya no ven, aún presente,
los nuevos días cubrirán los viejos pasados
y de lo que en ellos hubo ya nada será,
pues vivirán vestidos con lo recién llegado.

No hay música que entristezca,
ni hay danza macabra,
solo una clara conciencia
y, en ella, paz.
Miserere mei, Deus... tibi soli peccavi[10]
canto gregoriano que resuena entre los muros
con los que se defiende mi patria, la infancia.
Amplius lava me ab iniquitate mea[11]
dice el texto, pero es el canto lo que emociona.

---

8 «desde lo oscuro te llamé, Señor».
https://youtu.be/G2px9IhnPA8
9 «Si las culpas consideras... ¿quién resistirá?».
10 «Ten piedad de mí, oh, Dios... solo contra ti he pecado».
https://youtu.be/H3v9unphfi0
11 «purifícame completamente de mi maldad».

En el alféizar de la vida he dejado los sueños para que florezcan con el primer sol de primavera y digan más que las palabras.

Poetas

Robadnos la voz, llevadla tan lejos
que el desierto sea limpia palabra.

Oxidada hoz sin mies en su filo,
río seco sin piedras en su lecho,
viento sin rosas en su camino.
Eso somos y nos dicen poetas.

La buena palabra, la que leéis,
es vuestro sentir a ella sobrepuesto.

Mies ondulada en el verde mar, viento;
fuente del encanto, al pie del endrino;
mil vidas, las vuestras, solo el perfume.
Eso es lo que leéis y dicen poesía.

Quedaos con la palabra que es sagrada,
no en vano, siempre será vuestra vida.

Dejadnos a nosotros el infierno[12]
con ella solo alcanzamos la nada.
Pretendemos de *jilguero* su canto,
y, necios, de *narciso* su perfume.

---

12 «*Los poetas tratáis de penetrar, al menos, en las consecuencias y sentimientos..., pero al final hay un muro casi impenetrable.*
No es el infierno ni alcanzáis la nada, dais soporte a nuestro sentir, dais vida, ¿qué, si en el camino dejáis la vuestra?
No te desgajes del todo, queda mucho por hacer, amigo». M. R.

¿Cómo vivir bajo el peso del aire
de palabras cargadas de engaño?

       Palabras, fantasmas que transitan
       vacías por entre los versos que ellas
       tejen en las bocas cerradas.

El sol va ya tan caído
que su luz acaricia
el perfil del tejado
y en el suelo escribe
su ondulada sombra.

I

No he sabido o no he podido
dar con las palabras adecuadas.
Se me escapan entre la tinta,
sobre el blanco papel, son
un enorme y negro borrón;

pero he compuesto ramilletes de margaritas;
con el laurel, he confeccionado una guirnalda
y, sobre la hierba, bajo un manzano, tumbado,
con la mirada perdida en un azul intenso
he visto cómo navegan los sueños haciéndose
y deshaciéndose en una danza con el viento.
Del arroyo que cerca pasa, cantos rodados,
llega el murmullo que asemeja un rezo monástico
y que en la memoria no es sino oración sagrada,
¡ay, la infancia!, ¡la infancia!, nuestra querida patria.

No he sabido o no he podido
dar con las palabras adecuadas
aquellas que lo dicen todo,
llaves de arcones perfumados
donde se guarda el paño hermoso.

¿POR QUÉ?

¿Dónde están
las sombras movedizas
para huir de ellas?

¿Tras qué duna,
del profeta, resuena
su voz seca,
él, fatuo revestido
de mentira
y obscena egolatría?

Hálito pestilente
que seca las arenas.
La palabra es hiriente,
elevadas son las dunas,
el agua cristalina
se ha evaporado.

Quiero olvidarme
de que estoy vivo
y así burlar
a esta, la muerte.

¿Por qué hacerlo?

Fluye el arroyo.
Solo sentir.
Sentir solo.
¡Vive!, la muerte
solo alcanza a quien...
huye ignorándola.

¿Por qué hacerlo?

Aquel profeta,
viejo de luenga barba,
voz acallada,
ya no es nada.

De poniente es la brisa.

Verde prado, manzanos.
fresca sombra
de un verano;
el arroyo habla...,
dulces palabras.

Se ha saciado la sed.

Así, sonriente.

Solo hay vida.

SOLO LEERÁS SILENCIO

Y tú solo leerás silencio cuando pasado el tiempo
llegues a estos versos
nacidos hoy de la oquedad de la que brotó en su día
agua limpia y fresca.
Qué más da que sea de día o que la noche que nos habita
día también sea.
Querrás saber por qué no hay trinos ni vuelos en ellos
no alcanzarás el alma
esa en la que reposan todas las sensaciones, los pensamientos
que me hicieron ser.
Maldición que, sobre mí, descreído, caerá desde lo divino
dirán los profetas,
pero como son falsos, sus palabas se pudrirán en sus bocas
y hedor serán todas.
Todos han de ser silencio si al llegarte a ellos fuesen borrándose,
los ojos cerrados,
si al verlos, no pudieses mirarlos; si al mirarlos, no fuesen leídos.
Así, el silencio.

Pugna perpetua por el verso perfecto,
por que diga lo que uno quiere decir
de la vida, del amor y de la muerte.
Pugna, sin poder ganar nunca esa guerra.

SI ASÍ FUESE

¡Ay!, si *pájaro* fuese hermosos trinos,
si *flores* fuese de ellas dulce perfume,
si *agua*, fresca y serena salmodia
por entre pulidos cantos rodados.

¡Ay, si así fuese!

Pero en el baúl que guarda las palabras
no encuentro el aleteo de sus vuelos
ni hay aromas que nombren sus pétalos
y solo doy con morfemas resecos.

¡Ay! Así no fuese.

Tu nombre en mi boca, y tú presente.
Labios, y sus diálogos del deseo,
enredo de las volutas del aire
que siempre visten los juegos del cuerpo.

¡Ay, si así fuese!

Porque se es palabra, callada o dicha,
de ti alejada o ante ti presente,
sí, palabra que nada alcanza, pero
que a todo llega, sobra y se precisa.

¡Ay! Así la vida,

      que la muerte no es sino muda ausencia.

Todo puede ser
Semana de Dolor

Destruir el pensamiento rompiendo la palabra,
árbol hueco en su corazón podrido, ser encina
con sus candelarias encendidas, primavera
en un invierno que es verano muy adelantado.

Malditos fantasmas con nombres de sustantivos
sin adjetivos que cuadren con sus trajes rotos,
erupción de volcanes, ¿qué pueden hacer ellos
sino romper la tierra? Mentira, callar pueden,
dormir los sueños de milenios que nada dicen.

Benditos naranjos de azahar perfumados, blanco
pleonasmo, inútil figura de la retórica,
si tras ella no hay ideas rotas con palabras
diseccionadas por la mente crítica, insana.

Sí, construir una vida que ya es puro pasado
porque el presente no es sino lluvia de ceniza,
miércoles previo al viernes de angustias, los cuchillos
en corazón de plata clavados, siete, dicen,
pero ninguno es verdadero, todo inventado.

Con las palabras rotas solo se hacen chabolas
que no protegen del frío y, con calor, abrasan.

Disfruta de este juego de lunas. Sin límites ni reglas. Campo abierto a la noche que se ofrece desnuda de mandamientos y de una belleza subyugante.

Así es. Así sea, ¡oh, Lucrecio revivido!

Uno siempre va a allí de donde nunca salió

Y el río se hizo vega
y la vega fue gozo
y el silencio, recuerdo.

Nos alcanzará la noche y en ella uno de nosotros
hablará de los días. Bebimos de todas las fuentes
que en la vega brotaban, siempre agua fresca, cristalina;
veíamos pasar las nubes, esculpidas figuras
que nuestra imaginación decía: perro, dragón, ángel;
mientras, la hierba y las flores que nos perfilaban
gritaban una eterna primavera por delante.

Y es vida la memoria,
y la infancia, la patria,
y juntas, nuestra paz.

Veremos la primera estrella y tendremos la certeza
de que la noche ya está próxima, la tuya o la mía.

NAVAFRÍA

Calle El Vallejo, 7

A mi hermano Seve

Cercó la entrada con todos los verdes
recién estrenados tras duro invierno
en el que desnudas ramas tiritan
al viento, de su soledad, la queja.

Dijo a la parra que abriese los ojos, verdes,
al chopo, que de anillos se adornase, verdes,
y al peral que está junto al pozo seco, blancas
le dijo que fuesen sus lágrimas, sí, blancas.

Tras la casa, huerto callado, lirios
despeinados de azul cobalto juegan
con el aire fresco de la montaña.
El abedul, perezoso, aún duerme.

No es una casa adornada, es una vida.
Así pues, quien entre en ella ha de ser amable
y sus palabras, trasunto del pensamiento:
hay laurel en el jardín y en la entrada, parra.

Allí donde nacimos

Entre gemidos de su eje oxidado
que uno tiene por antigua plegaria,
recuerdo de aquellos tiempos que fueron,
y en el coro de baranda pulida,
por tantas manos en ella apoyadas,
la rueda de campanillas que rueda
en el muro trasero de la iglesia,
Santuario de Virgen de Manzaneda,
arrancó de mi ensueño dulces lágrimas
que calladas se recogieron dentro
de una sonriente, feliz, dichosa alma.
El múltiple y agudo tintineo
acompaña las voces de la gente,
pueblo llano, trabajador, honesto,
de vida en valle verde, chopo y sebe,
con arrastre final de cada verso.

Dios te salve, Reina y Madre de misericordia
a ti llamamos los desterrados hijos de Eva.

Recogido en los brazos de la madre.
Así fue, así es el dulce recuerdo.

Siempre la lluvia

Llegó la primera lluvia,
tórrido y seco verano.
Primero fue el *petricor,*
heraldo de densas nubes,
cabalgando fuerte racha.
Luego, el polvo fue barro
de pasos en él hundidos,
chapoteo en los regajos,
ciega mirada al cielo
para sentir en la cara
la pulsión del universo
hecha diminutas nadas.

Y sin miedo a los rayos.

Los pájaros, a su aire,
siguieron entre sus cantos,
frágil cristal de Bohemia
puro, brillante... y lábil,
todo a la vez y mezclado,
un diálogo enamorado
de rama en rama y oculto
detrás de las verdes hojas:
laurel, algarroba y mora.
Hortus conclusus, yo, tú...
No hay nada más. Todo es fuera.
Él, ella... cuando en ti sean.

CUATRO ESTACIONES, UN INSTANTE

A Eduardo Cuñat Forte,
viejo amigo, en su jubilación.

Tiempo de júbilo,
robusto y esbelto árbol.
¡Qué, si es otoño!

En el hogar,
arden las secas ramas.
Fueron azahar.

Serán estrellas
las blancas mariposas.
Cielo en la tierra.

Sol de justicia,
con él juegan las hojas,
amada sombra.

Así es el bosque.
De hojas, ocre alfombra,
salmodia, trinos.

Regresar allí
de donde nunca se partió

Dejadme que me recueste aquí
sobre esta recortada y verde hierba
que yo, niño, inocencia feliz,
regué arañando finos regueros
construyendo en ellos perfectas torgas
para que derramaran su limpia agua.

Santuario, sombra de la vieja torre
voz de bronce tan clara, tan potente
que no hay roble en lo alto ni chopo en el valle
que en sus hojas no sientan el temblor
de la llamada al rezo, muerte o fuego:
carrera en ayuda o cruz santiguada.

Que la noche, aquí plena de estrellas,
me recoja cuando el sol ya crecido
abandone el perfil de la montaña
y con sus aguas huya río abajo.
Dejadme en este silencio querido
aunque haya sido silencio ausente.

Pradera, santuario, acacia y casa,
sí, envejecida y enorme acacia,
y aquella casa en la que comenzaron,
mis días fríos, cálidos, templados.
Contemplarlas y dialogar con ellas
es hablar sincero a uno mismo.

De la casa, los muros que la cercan
se han desmoronado lentamente
y los frutales que en su interior había
se han ido secando y todo es hierba,
las cubiertas del pajar, cuadra y horno
son tejas rotas caídas en lo hondo.

Del gran portón de la entrada, sus hojas,
madera reseca y resquebrajada,
el tiempo entre sí las ha fundido,
y no habiendo tranca, no hay fuerza alguna
que, ejercida sobre ellas, las abra.
Todo queda dentro y fuera. Sosiego.

Dadme solo unos minutos de sueño,
que el hoy ingrese en mi única patria
y habite en paz y con ella fundido.
Dejadme que me recueste aquí
sobre esta recortada y verde hierba.
Santuario, pradera, acacia y casa.

Así somos o así parecemos

Vibran las agujas últimas de la palma
sol ya de avanzada primavera, sí, brillan,
dicen de la brisa que de poniente llega
tan llena de dulce azahar que hasta los pájaros
detienen su vuelo y entre las verdes hojas
guardan sus trinos para el claro atardecer
que aún está por llegar tras la Sierra de Espadán.

Y hacia levante, qué paisaje tan extraño,
ajeno a todo lo visto en esta memoria.
No se reconocen los vientos o su calma,
ni las nubes blancas que en figura lo cubren,
¿o soy yo el extraño, el ajeno a esta vida
que desconozco porque... porque, es posible,
ya no me pertenece, no le pertenezco?

¿O serán mis ojos que ya no ven
o mi alma que ha dejado de mirar?

No me reconozco en ese trans-horizonte
ya no encuentro en él aquella luz de la infancia
ni los pliegues verdes del valle y su río
ni la oración que en su boca de la fuente nace.
Aquella agua ahora es río y ya es remanso
recodo entre salgueras y truchas cebándose
antes de terminar siendo diluida sal.

Paseo de El Prado

Oigo de las fuentes que en el paseo hay,
plátanos, tilos, cedros y castaños,
su dulce y delicada plegaria,
pero solo de Laudes y Prima,
que en el resto de las horas los coches
que suben y bajan vomitando gritos
ornados con dióxido de carbono
la ocultan como la tierra suelta,
en los cementerios, cubre la vida.

Y oigo de mirlos y humildes gorriones
la alegría del son que nace fresco
entre las verdes hojas de esos árboles.
Sus ramas tiernas juegan con la brisa
que aquí es seca y del norte, tiemblan,
pero no es sino danza de esa música
tan callada que solo escucha el alma
que en soledad vive un instante efímero,
un infinito de belleza para ella.

Siempre ha sido un camino recorrido
subiendo o bajando por esa orilla,
enrejado perfume de arrayanes,
con él vuelvo a aquella infancia en Tornón
donde, por primera vez, mi alma vio
una barca meciéndose sobre el agua
cerca de aquella casa solariega
con jardín en la entrada, arrayanes,
y una gran galería acristalada.

Más tarde fueron los que hay en Granada:
la Alhambra, el Carmen de la Victoria...;
o entre los muros de viejos conventos
hoy derrumbados, olvidados, solos;
perfil de un paisaje vital que fue
y que sin ser sigue siendo el nuestro.
Y cada vez que regrese a Madrid
subiré o bajaré por El Prado
y estaré en Tornón, en Granada, en mi alma.

NOCTURNO

¿Oís de sus cuerdas el llanto?,
¿del jilguero, su trino?,
¿del ruiseñor, su enamorada noche?
Sobre los tejados de esta ciudad
asentada sobre ruinas romanas
este juego amical hecho palabra.
Tú me hablas con el arco y los dedos
y yo te contesto con música callada,
versos escritos en noches insomnes.

Y todo es fuego en oscuridad cálida
atravesada por una luna llena
nacida en nuestro mar próximo
que ilumina cúpulas y torres
desde las que sus campanas
nos han dicho que son las doce.
Hemos guardado silencio
porque sus voces son poesía
aún más bella que la nuestra.

Dame tus labios, te dije,
yo te daré mi suspiro.
Toma ligera tus sueños,
construye con ellos mi vida.

Todas, amor mío, huelen a infancia

En otoño, las hojas todas,
caídas,
huelen igual, huelen a infancia.

Marronniers, paseo de La Condesa,
plátanos en el patio del colegio,
álamos en la ribera de los ríos,
y hoy arces importados de Japón
del rojo al morado en el mismo árbol,
sin olvidar las acacias que había
y aún perviven viejas y endurecidas
en el borde de aceras reventadas:
sus calles siguen siendo soledad.

Y todas ellas, amor mío,
revueltas,
frío viento de la montaña,
componen
un bello y susurrante poema.

Porque somos como las aguas de los arroyos y ríos por las que, una vez mezcladas con las del mar, nadie se pregunta qué verdes prados, fructíferos huertos o perfumados jardines regaron en su curso.

Nadie.

Y, sin embargo, el mar se acrecienta solo con ellas.

Coge el viento de poniente
y haz un nudo con él,
exprime toda su esencia
y goza de los perfumes
que en su interior lleva.

Hoy acurruca el frío,
vacío, nada de vida
ha acumulado en la meseta
sobre la que ha danzado
hasta cansar a los cardos.

Tus labios en mis labios
son oración sagrada
que en éxtasis nos llevará
hasta el cielo infierno,
cálido viento de poniente.

Efímero

Sobre este velador
que en la esquina del bar
nos ofrece reposo,
un círculo perfecto
de húmeda factura
dice del té helado
en los labios, silencio.
Solo la mirada habla
y en ella leemos versos
que nadie aún ha escrito.
Los vencejos hilvanan
en el azul del cielo
el aire que acaricia.
Y tu cuerpo es mi tiempo.

El índice es mi pluma
que desde el círculo húmedo
juega con la palabra,
una sola palabra.
Sol y brisa la borran
antes de que esté escrita,
pues todo es y no es
en tus labios, silencio.
¿Y qué dicen las otras?
¿Las habladas?, de todo
y, a veces, de nada;
con la mirada van
con la mirada vienen,
son parte de la brisa.

Para ti no quiero el silencio

Para ti no quiero el silencio,
paradoja de las palabras;
su naturaleza es decir,
pero callan siendo palabras,
pues vacías alcanzan el alma.

Hasta ti llegan los fonemas
muertos en sus múltiples ondas,
flatus vocis, dicen los clásicos,
o tus ojos azules hieren
los vacíos grafismos, negros,
tinta nacida de los dedos
o impulso eléctrico en pantalla.

Nada.

No, no son ellas las que dicen algo,
las que arrancan la suspensión del cuerpo,
quienes anudan estómago y tripas.
Eso es, primero, el abrazo sentido,
cuerpo con cuerpo, fundidos los límites,
borradas las fronteras de los yoes,
estúpidas fortalezas mal construidas;
para que luego en él abandonados
sean labios sobre labios, abiertos,
quienes sellen el verdadero y único
discurso pleno de ser, de vida, de...
de inefable sentir, solo sentir.
Verdad sublime, única, innegable.

Y así, a ti dedico, ¡oh, amor!,
no el silencio oscuro de las palabras,
sino el discurso impetuoso y claro
de la mirada, el abrazo, el beso.

Y EL FUEGO...

I

Y el fuego fue infierno
del amor traspasado.

¿O fue invierno el fuego?

¡Nunca!

De las brasas es testimonio,
pues, de lo que se fue,

se es.

Y siendo, eso somos:

fuego y también invierno.

Así, amor, los días
sean cortos y fríos,
haremos de este fuego
nuestro dulce infierno.

II

Y, ya, sin llama viva
ni blanca o roja brasa,
siendo solo ceniza,
alguien nos dará al viento.

Y aunque en él no seremos,
nada nos importa ahora;
así que, frente a este fuego,
haremos de nuestro amor

apasionado infierno.

Epílogo

En este ángulo muerto
del camino,
acurrucado, desapercibido
de la vida
y aún inadvertido por la muerte,
yo, espero.

Los días caen..., otoño en sus hojas
muy amado,
lentas, recogidas por la brisa
de poniente
en callada danza que retrasa
el olvido.

La sonrisa
no se desdibuja en los labios.

ÍNDICE

INTROITO 11

MIENTRAS, SOMOS 13
31 DE DICIEMBRE 15
MÉDITATION 16
CENIZA SEREMOS 17
CUANDO UNO YA ES OLVIDO 18
LA VERDAD ESTÁ EN LAS PREGUNTAS ... 21
CANTATA 156 22
CAE LA NADA 23
NADA 24
FIN DEL VERANO,
PRIMERAS TARDES DE OTOÑO 29
AÑO NUEVO 31
SETENTA AÑOS DE UNA VIDA 33
POR QUÉ PREOCUPARNOS 34
VERANO DEL 23 36
NADA ES EL FINAL... SI ACASO,
EL COMIENZO DE ALGO NUEVO 37
DEL TIEMPO ES PASO 38
IMPROMPTU Nº 3 40
ALLÍ FUE SOMBRA 41
UN TIEMPO COMO CUALQUIER OTRO 43
HAY MUCHAS *ELCAS* 45
NIÑA ABRAZADA
AL CUELLO DE UNA MADRE 47
JUEGOS DE VIDA 48

A TI 50

EL PESO DE LA LUZ 51

ESO QUEREMOS 52

AQUELLA NIÑA QUE FUE... 53

Y YA ES PRIMAVERA 57

TIEMPO DE GUERRA, PROPIA Y AJENA 58

DE UNA GUERRA QUE YA ES NUESTRA 62

ELEGÍA A LA NADA 64

POETAS 69

CÓMO VIVIR BAJO EL PESO DEL AIRE 70

NO HE SABIDO 71

¿POR QUÉ? 72

SOLO LEERÁS SILENCIO 74

SI ASÍ FUESE 75

TODO PUEDE SER SEMANA DE DOLOR 76

UNO SIEMPRE VA A ALLÍ

DE DONDE NUNCA SALIÓ 78

NAVAFRÍA 79

ALLÍ DONDE NACIMOS 80

SIEMPRE LA LLUVIA 81

CUATRO ESTACIONES, UN INSTANTE 82

REGRESAR ALLÍ

DE DONDE NUNCA SE PARTIÓ 83

ASÍ SOMOS O ASÍ PARECEMOS 85

PASEO DE EL PRADO 86

NOCTURNO 88

TODAS, AMOR MÍO, HUELEN A INFANCIA 89

COGE EL VIENTO 93

EFÍMERO 94

PARA TI NO QUIERO EL SILENCIO 95

Y EL FUEGO... 97

EPÍLOGO 99